RAPPORT

PRÉSENTÉ

au Syndicat des Photographes Dauphinois

SUR LA

PROPRIÉTÉ ARTISTIQUE EN PHOTOGRAPHIE

PAR

A. RAMBAUD

Gradué en Droit, Secrétaire du Syndicat.

GRENOBLE

IMPRIMERIE J. PRUDHOMME, 5, RUE CRÉPU

—

1911

RAPPORT

au Syndicat des Photographes Dauphinois

SUR LA

PROPRIÉTÉ ARTISTIQUE EN PHOTOGRAPHIE

PAR

A. RAMBAUD

Gradué en Droit, Secrétaire du Syndicat.

GRENOBLE
IMPRIMERIE J. PRUDHOMME, 5, RUE CRÉPU
—
1911

RAPPORT

présenté au Syndicat des Photographes Dauphinois

SUR LA

Propriété Artistique en Photographie

INTRODUCTION

MESSIEURS,

Notre Syndicat s'est ému du préjudice qui nous est causé par les fabricants d'agrandissements photographiques : soit qu'ils s'installent pour quelque temps dans une ville, soit qu'ils drainent les régions par l'intermédiaire de leurs courtiers, soit qu'ils fassent offrir leurs produits par les journaux ou les épiciers à titre de primes.

Cette industrie, qui s'est créée depuis l'apparition du gélatino-bromure nous a causé un préjudice considérable ; le nombre des agrandisseurs est allé de jour en jour en augmentant ; ils en sont venus à se faire entre eux une concurrence telle qu'il s'en est suivi un regrettable avilissement des prix sur cet article, en même temps qu'un abaissement du niveau artistique des travaux exécutés.

Des hommes plus soucieux de gagner de l'argent , même au moyen des annonces les plus trompeuses, que de livrer du travail bien fait , ont inondé le pays d'agrandissements. On en voit dans toutes les maisons ; mais combien peu sont passables ; combien peu ont un cachet artistique ! Combien peu ont reçu les soins nécessaires à leur conservation ; ce qui permet au public de croire que les agrandissements photographiques ne se conservent pas.

C'est une branche importante de notre industrie qui a été gachée.

Il était du devoir de notre syndicat de rechercher par quels moyens nous pourrions arrêter le mal. Nous avons constaté , tout d'abord, que les agrandisseurs ne font généralement pas poser leurs clients mais se servent de portraits exécutés par d'autres qu'ils reproduisent ; la facilité de transport d'une épreuve leur permet de drainer les commandes dans un très grand rayon, de les centraliser et d'arriver ainsi à notre détriment à établir des prix très bas contre lesquels nous ne pouvons pas lutter.

La question s'est alors posée de savoir si ces agrandisseurs avaient le droit de reproduire nos œuvres et de profiter, sans bourse délier , du travail que nous avions fait ; en un mot si la photographie ne pouvait pas constituer une propriété artistique protégée contre la contrefaçon.

Vous avez bien voulu nous charger d'étudier cette intéressante question et nous vous présentons dans cette brochure, le résultat de nos recherches et les réflexions qu'elles ont pu nous suggérer.

Cette étude nous a paru être du plus grand intérêt non seulement pour notre syndicat mais pour tous nos syndicats, pour tous nos confrères. Aussi nous avons tenu à aller bien au fond de la question et à vous présenter non pas seulement des appréciations personnelles, mais encore des avis de jurisconsultes et des textes de jurisprudence. De plus nous avons voulu soumettre à un avocat le résultat de nos recherches et prendre conseil de lui quant à la meilleure procédure à suivre.

Me Benoit, avocat près la Cour d'appel de Grenoble, chargé du cours de droit commercial à l'association du commerce et de l'Industrie, a bien voulu mettre à notre disposition différents ouvrages qui nous ont été d'une grande utilité et répondre d'une façon précise et documentée à quelques questions de droit que soulevait la matière.

Les nombreux articles adressés par nos confrères au journal *le Photographe* montrent combien la question est passionnante, mais ils nous ont permis de constater des divergences de vue ; quelques articles étaient peu précis et manquaient de détails , d'autres contenaient des affirmations complètement erronées ; parce que chacun a parlé de la chose à son point de vue, selon son idée à lui, a résolu la question comme il lui plaisait qu'elle le fût ; ce système est absolument défectueux, parce que lorsqu'il existe sur un sujet donné des textes et une jurisprudence, il n'est pas permis de les ignorer et de discuter à côté, sans risquer de tomber dans l'erreur et de faire fausse route.

C'est pénétré de cette pensée, que nous avons compulsé les différents jugements et arrêts rendus en la matière ainsi que les commentaires qu'ils ont pû suggérer à des jurisconsultes autorisés, avant de produire notre opinion personnelle.

Nos confrères trouveront ainsi dans cette petite étude des indications sûres, leur permettant d'agir avec toutes chances de succès.

Posons donc la question :
La photographie est-elle un art protégé par la loi contre la contrefaçon ?

Différentes thèses.

Longtemps les avis ont été partagés à ce sujet. M. Bigeon dans un intéressant ouvrage : « La Photographie et le Droit » a très bien résumé les deux thèses, l'une refusant à la photographie tout caractère artistique, au sens juridique du mot, l'autre proclamant qu'elle rentre dans les œuvres d'art protégés par la loi de 1793.

Il serait trop long d'énumérer ici tous les arguments des deux systèmes ; le premier se base pour déclarer que la photographie n'est qu'une industrie sur l'emploi des phénomènes physiques de la projection de l'image par l'objectif et sur les phénomènes chimiques du développement de l'image, affirmant que dans la production du cliché, il y a absence de personnalité de l'auteur.

On se rend compte en lisant ces arguments, que ceux qui les produisent n'ont qu'une idée très superficielle de la photographie ou un réel parti-pris contre elle et qu'ils ne considèrent que la partie mécanique de la production de l'image photographique en passant volontairement sous silence la partie la plus essentielle ; la disposition et l'éclairage de l'objet ou de l'être à reproduire.

Or il y a là assurément, de la part du photographe, production de sentiment artistique, ainsi que dans la finition du cliché et des épreuves, dans les corrections et retouches, qui perfectionnent l'œuvre mécanique de la lumière et de l'appareil.

Cela est indiscutable ; pour qui a la pratique de la photographie, il ne saurait y avoir de doute à ce sujet.

Evidemment, il ne s'agit pas là d'une opération purement chimique; par la façon dont il opère, par la mise en plaque de son sujet, par l'éclairage, par l'attitude qu'il lui donne, par la conduite même des opérations chimiques qui parachèvent le cliché et l'épreuve photographique, par l'appréciation de l'intensité à leur donner, le photographe apporte à l'image obtenue quelque chose de personnel, l'empreinte de ses études, de ses recherches, de son talent.

Il suffit de considérer les portraits et même les paysages exécutés par différents photographes pour comprendre que chacun d'eux laisse à ses œuvres un cachet personnel.

Les étapes de la Jurisprudence.

Les premiers jugements rendus en la matière consacrent la thèse des détracteurs de la photographie ; M. Bigeon nous signale que de 1850 à 1865 la jurisprudence s'est arrêtée à ce premier courant d'idées et que plusieurs arrêts sont dans ce sens.

Tribunal de commerce de la Seine, 7 mars 1861. L'œuvre « du photographe ne saurait être assimilée à l'art du pein-« tre qui crée avec les ressources de son imagination. »

Tribunal correctionnel de la Seine, 9 janvier 1862: « Les « produits de la photographie ne sont pas produits artisti-« ques et ne peuvent être protégés par la loi de 1793.

Tribunal de la Seine, 12 décembre 1863, qui juge dans le même esprit.

Tribunal de commerce de la Seine, 29 janvier 1862 : « La « photographie est une opération purement manuelle..... qui « n'invente ni ne crée et ses ouvrages ne peuvent être assi-« milés aux œuvres de l'intelligence. »

Les juges de 1862 n'étaient guère flatteurs pour les photographes; mais depuis, ceux-ci sont allés de l'avant; la photographie a fait du chemin, elle a produit des choses si belles, elle a tellement su affirmer la personnalité de ses auteurs que l'opinion à son égard s'est modifiée. Lamartine qui lui avait d'abord lancé l'anathème dans des lignes cinglantes, a écrit depuis : « Nous ne dirons plus que c'est un métier, c'est un art, c'est un phénomène solaire où l'artiste collabore avec le soleil ». Aujourd'hui nous pouvons ajouter que lorsque le soleil fait défaut, l'artiste le remplace.

La jurisprudence s'est ressentie de la transformation qui s'est produite dans l'opinion, mais elle ne s'est pas encore décidée d'une façon bien nette à ériger en principe la deuxième thèse proclamant que la photographie est un art; elle reconnaît aux tribunaux le droit d'apprécier, dans chaque espèce, si les œuvres soumises à leur jugement présentent ou ne présentent pas un caractère artistique.

Cour de Paris, 10 avril 1862 : « La photographie ne cons-
« titue pas absolument une œuvre d'art ; cependant un
« dessin photographique peut avoir ce caractère et constituer
« ainsi une propriété artistique protégée contre la contrefaçon,
« lorsqu'on y voit un produit de la pensée, de l'esprit, du
« goût et de l'intelligence de l'opérateur. »

Cet arrêt a réformé un jugement du tribunal correctionnel
de la Seine du 9 janvier 1862 qui avait débouté le photographe auteur.

Dans le même sens il faut citer :

Tribunal de la Seine, 6 mai 1864.

Cour de Bordeaux, 29 février 1864 : « La qualité de pro-
« duction artistique peut être reconnue à des œuvres photo-
« graphiques ».

La Cour de Paris, 1re Chambre par un arrêt du 29 novembre 1869 précise : « Un dessin photographique peut consti-
« tuer une propriété artistique protégée contre la contre-
« façon par la loi des 19 et 24 juillet 1793 et l'article 425 du
« Code pénal. «

Il appartient donc aux juges de décider si le produit
déféré à leur appréciation constitue ou non une œuvre d'art
dans le sens de la loi (*Cour de Cassation*, 10 avril 1862), et
ils le font « *souverainement.* »

D'autres arrêts de la Cour de cassation, 16 mai 1862,
28 novembre 1862, 15 janvier 1864, 17 janvier 1882, 27 décembre 1884, sont dans le même sens.

Cette question délicate peut donc être tranchée par des
juges n'ayant aucune compétence en la matière ; il semble
qu'il y ait là une lacune dans notre législation et qu'une
précision plus grande serait nécessaire, ne laissant pas aux
juges l'embarras et la responsabilité de l'appréciation
dans chaque espèce.

Aussi les tribunaux semblent-ils tendre de plus en plus à se
rapprocher de la deuxième thèse et à reconnaître le caractère
artistique de la photographie d'une façon absolue.

M. Jean Appleton, professeur, à la Faculté de Droit de
l'Université de Lyon, commentant un jugement du tribunal
civil de la Seine du 20 janvier 1899 s'exprime ainsi :

« D'autres décisions auxquelles vient se joindre le juge-
« ment ci-dessus rapporté, *repoussent toute distinction* et ac-
« cordent au photographe la protection de la loi de 1793,
« *quel que soit le mérite de son œuvre.* »

« *Paris* 12 *juin* 1862, Annales de la propriété industrielle
63.225) ; *Tribunal de commerce de St-Etienne*, 7 juillet 1885.

« Sous Lyon, 8 juillet 1887, (D. P. 88, 2. 180). Une évolu-
« tion assez nette paraît se dessiner en ce sens dans la juris-
« prudence ; plusieurs jugements, tout en constatant que
« les circonstances de la cause donnent à l'œuvre produite
« un caractère nettement artistique, *ne cachent pas leurs*
« *préférences pour l'application la plus large des règles de la*
« *propriété artistique à toute œuvre photographique quelle*
« *qu'elle soit.* — *Tribunal de la Seine,* 24 *avril* 1880 *et* 26 *avril*
« cités par Brédif, p. 66 et 67. *La plupart des auteurs approu-*
« *vent cette solution absolue* : Pataille, (Annales de la propriété
« industrielle 62, 33); Rendu (ibid 62, 427); Bachelier (ibid 64,
« 229) ;Pouillet n. 105 ; Rendu et Delorme (Droit indus-
« triel, nᵒ 891) ; Brédif, (p. 55 et suiv.)

« *Cette dernière opinion nous paraît seule juridique* ».

Le jugement du tribunal civil de la Seine du 20 janvier 1899, dont il est question plus haut et qui a fourni à
M. Jean Appleton l'occasion de produire ces très intéressants
commentaires sur la propriété artistique en photographie a été
rendu dans l'affaire Reutlinger contre Mariani ; rappelons
brièvement les faits : M. Mariani, pharmacien, lançant un
produit, fit imprimer une brochure avec des portraits de per-
sonnages en vue; il se servit pour son édition de photographies exécutées par Reutlinger après avoir été autorisé à les
publier par les personnes qu'elles représentaient.

Cette affaire est très intéressante pour nous par ce que
l'espèce se rapproche beaucoup, à part l'édition, mais quant
aux faits et aux questions en jeu du cas que nous avons en
vue : à savoir la reproduction par un tiers d'une photographie exécutée par un photographe et remise au tiers par la
personne qui a posé. Nous recommandons donc tout particu-
lièrement à nos confrères la lecture de l'étude de M. Appleton, ils y puiseront d'excellentes indications et des arguments d'une grande portée. (V. Dalloz, 1902, P. 2, 73). Nous
emprunterons encore à cette étude les passages suivants dont
l'importance n'échappera à personne :

« Ce qui constitue à proprement parler l'œuvre d'art dans
« la photographie, c'est le phototype, le cliché, de même que
« dans la gravure, c'est la planche gravée. Le droit d'exposi-
« tion et de reproduction se trouve lié, en principe, à la pro-
« priété du phototype. L'artiste qui est l'auteur de l'œu-
« vre, a le droit exclusif de la reproduire. Il peut céder son
« droit et il le fera le plus généralement en cédant le cliché.
« Le possesseur d'une épreuve photographique n'a donc
« pas le droit de la reproduire pour l'exposer et la vendre.
« Toute reproduction indue d'une œuvre photographique

« par une personne qui n'en a pas la propriété donne lien
« contre elle à l'application des peines de la contrefaçon,
« (art 425 et 427 Code pénal), et la contrefaçon existe comme
« le proclame le jugement ci-dessus, alors même que certains
« détails de l'œuvre primitive auraient été modifiés dans la
« reproduction. V. conf. civ. rej., 28 nov. 1862. (D. P. 62,
« 1, 52). Le modèle conserve d'ailleurs (à moins de s'être in-
« terdit cette faculté par une convention spéciale) le droit de
« concéder à d'autres personnes la permission d'exposer et
« de mettre en vente sa photographie ; mais les nouveaux
« concessionnaires ne peuvent évidemment pas se servir
« pour la confection des nouveaux portraits, de l'œuvre du
« premier photographe qui est restée la propriété de celui-ci;
« ils doivent produire de toutes pièces un cliché nouveau. »

A ces affirmations si précises, il est bon d'ajouter les considérants très importants d'un jugement du *tribunal civil
de la Seine du 14 février* 1907 : (D. P. 293).

Affaire Fortin et Cie contre Liébert

« Attendu que la photographie ensemble de lignes et d'ef-
« fets d'ombre et de lumière obtenu grâce au choix et à
« l'invention de l'artiste qui a composé le sujet représenté
« est assimilée à bon droit aux gravures et aux dessins ;
« qu'elle doit être protégée à l'égal de ceux-ci au point de
« vue de la propriété dont elle est susceptible.

. . . .

« *La contrefaçon n'en subsisterait pas moins à la charge de
« celui qui fait la reproduction alors même que l'épreuve pho-
« tographique originale lui aurait été remise par la personne
« qu'elle représente et que la reproduction eut été commandée
« par ladite personne.*

Appel ; *Cour de Paris, 4e Chambre, 3 janvier* 1908.

« ..... il est certain qu'en l'espèce, l'œuvre litigieuse est
« protégée par la loi de 1793,

« Considérant qu'à défaut de conventions contraires et
« sous la réserve du droit qui appartient au modèle de s'op-
« poser à la reproduction c'est celui qui en *est l'auteur ou ses
« représentants qui seuls peuvent en faire des reproductions*
« destinées à être mises en vente ou publiées; il importe peu
« que les épreuves remises à la dame X... lui aient été don-
« nées ou qu'elles les ait payées au tarif ordinaire, que, dans
« l'un ou l'autre cas cette dernière n'aurait point eu le droit
« d'en faire faire des reproductions qu'elle aurait vendues
« ou publiées (Annales de la propriété industrielle, mars 1908
« p., 75).

Ajoutons encore un jugement tout récent du tribunal de commerce de Blois du 3 juin 1910 : « Attendu que..... sans « chercher à faire cette distinction quelque peu subtile (à « savoir si la photographie reproduite présente un caractère « artistique), *il est constant aujourd'hui que la jurisprudence* « *tend de plus en plus à décider que les œuvres photographi-* « *ques constituent une propriété artistique protégée par la loi;* « *que dès lors le droit de les reproduire appartient exclusive-* « *ment à celui qui les a créées.* «

Ce jugement a pour nous une très grande importance d'abord par ce qu'il affirme, dans tous les cas, l'existence de la propriété artistique en photographie; ensuite par ce qu'en l'espèce il s'agit, non pas de reproduction à plusieurs exemplaires comme dans les cas précédemment cités, mais seulement d'un agrandissement exposé à titre de réclame.

Toujours dans le même sens, un arrêt de la *Cour de Bordeaux* du 2 avril 1908 s'exprimant ainsi :

« Attendu que *les vues photographiques de monuments et* « *de quartiers de Bordeaux éditées par G.. ont incontestable-* « *ment un caractère artistique.....*

« Qu'en effet leur mérite et l'heureux effet produit tien- « nent bien plus à la conception artistique personnelle de « l'opérateur, au choix judicieux du point de vue, de l'heure, « de l'effet de lumière, du mouvement plus ou moins intense « de la rue qu'aux procédés mécaniques employés pour les « obtenir, *que la reproduction de plusieurs de ces vues à une* « *échelle réduite..., constitue à n'en point. douter, le délit de* « *contrefaçon.* (Annales de la propriété littéraire et artisti- « que).

Enfin, ajoutons que, tout récemment, la 3e Chambre de la Cour de Cassation a décidé que : « Le photographe pouvait « se prévaloir de la loi de 1793 pour intenter un procès en « contrefaçon au graveur qui, sans son autorisation, userait « de son œuvre pour reproduire un portrait. »

Voilà assez de citations pour établir que la jurisprudence est de plus en plus favorable à la thèse de la propriété artistique en matière de photographie.

Nous ne trouvons pas récemment de décision contraire, c'est-à-dire repoussant comme principe toute assimilation de la photographie aux œuvres d'art, mais seulement des espèces dans lesquelles le caractère artistique n'a pas été reconnu aux photographies en cause.

Citons un *arrêt d'Angers*, 23 novembre 1896, (Le Droit d'Auteur, 97-58), qui tout en repoussant l'application de la

loi de 1793 a néanmoins condamné pour concurrence déloyale
le contrefacteur des photographies.

Un *arrêt d'Amiens* du 6 mars 1901 (Droit d'Auteur, 01-
145), et un autre de *Nancy*, 14 mars 1903 (Dalloz 03-2-296)
qui tous deux ont déclaré qu'en fait, les œuvres qui leur
étaient soumises n'avaient aucun caractère d'art.

Mᵉ A. Vaumois à qui nous empruntons ces indications
(annales propriété industrielle, mars 1908 note P 76), s'exprime ainsi : « Ce sont là les seules décisions de Cour d'appel
« qui aient, à notre connaissance, repoussé les demandes
« des photographes. »

« En fait, le plus grand nombre des décisions de jurispru-
« dence examine dans chaque espèce si la photographie liti-
« gieuse a un caractère d'individualité, dans l'affirmative
« la photographie est protégée ; c'est un examen qui peut
« aboutir à des solutions différentes, suivant les circonstan-
« ces, et qui explique les rares décisions qui ont repoussé les
« demandes des photographes. »

Des Agrandissements photographiques

Nous avons vu dans toutes les espèces qui précèdent, à part
le jugement de Blois, qu'il s'agit de photographies reproduites
dans un but d'édition ; l'arrêt de la Cour de Paris, 3 janvier 1908, notamment dit que seul l'auteur peut faire des
reproductions destinées à être mises en vente ou publiées ;
il semble qu'il y ait là quelque réticence.

Le Jugement de Blois, au contraire, reconnait à l'auteur
seul, ce droit de reproduction sans apporter à ce principe
aucune restriction.

Si la contrefaçon existe lorsqu'il y a publication et édition à plusieurs exemplaires, pourquoi n'y aurait-il pas également contrefaçon lorsqu'il s'agit de la reproduction à un
seul exemplaire ? Il nous semble que ce n'est pas le fait de
l'édition qui doit constituer la contrefaçon mais bien le fait
de la reproduction. En effet, s'il existe un droit de propriété
artistique, ce droit nous paraît atteint, dès qu'il y a reproduction ; cet avis est consacré comme nous l'avons vu, par
les considérants du tribunal de commerce de Blois plus haut
cité, elle l'est encore par M. Pouillet, avocat à la Cour de
Paris, qui, dans son traité de la propriété littéraire et artistique (573) s'exprime ainsi : « La copie faite dans un but
« d'étude échappe aux peines de la contrefaçon mais que
« faut-il penser du fait par un particulier de faire surmou-
« ler un objet d'art qu'il aurait emprunté par exemple à un

« ami, de façon à en avoir lui-même une épreuve à peu de
« frais, M. Gastambide n'hésite pas à voir dans ce fait une
« contrefaçon et la raison qui le décide, c'est qu'il cause un
« préjudice évident à l'artiste (Gastambide, P 395). Nous
« croyons également que cette solution doit être admise ;
« en effet, l'ouvrier chargé du surmoulage travaille dans un
« but commercial et comme la reproduction qu'il livre à celui
« qui la lui a commandée n'a pas été autorisée par l'auteur
« les deux conditions essentielles du délit de contrefaçon se
« trouvent réunies, le délit est complet et celui qui l'a pro-
« voqué en est le coauteur ou tout au moins le complice. Pro-
« cédât-il au surmoulage de ses propres mains, sans faire
« appel au travail d'un tiers, le particulier qui, en vue de sa
« jouissance personnelle, copierait ainsi l'œuvre de l'artiste
« devrait encore être déclaré coupable. »

Il nous semble que l'hypothèse prévue par Me Pouillet
est en tout points conforme à celle de la personne qui fait
reproduire une photographie pour sa jouissance personnelle;
c'est également l'avis de Me Benoît que nous avons consulté
à ce sujet.

Toutefois,il est bon de citer dans le sens contraire une note
de Me Vaunois, avocat à la Cour d'appel de Paris (annales
de la propriété industrielle, 1908 P. 77) : « sans doute encore
« en vertu d'une tolérance et d'un usage très répandu, le
« modèle du portrait peut, sans s'adresser à l'auteur, faire
« faire une reproduction qui ne sorte pas du domaine des
« relations privées et familiales (Dessins à la main, *agran-*
« *dissements,* reproduction par certains procédés spéciaux
« et même parfois *reproductions ordinaires en petit nombre*),
« cette tolérance a été consacrée par le tribunal de la Seine
« même à l'encontre d'un sculpteur, auteur d'un buste. »

Remarquons cependant que Me Vaunois semble ne faire là
qu'une constatation et non pas émettre une opinion personnelle, il parle d'ailleurs d'une tolérance, d'un usage ; or un
usage ne peut être invoqué lorsqu'il est contraire à la loi et
une tolérance ne saurait empêcher qu'un droit existant ne
fût revendiqué par le bénéficiaire lorsqu'il le désire.

Ainsi jugé par un *arrêt de la Cours de Paris* du 13 avril 1910:

« Considérant que, si parfois l'usage peut tenir lieu de
« loi en l'absence d'un texte législatif, il ne saurait en être
« de même lorsque le fait introduit par l'usage est contraire
« à la loi, » (Annales propriété industrielle, octobre 1910,
2-74).

En effet, de deux choses l'une : ou l'auteur a un droit de
propriété ou il n'en a pas ; ce droit ne saurait exister lors-

qu'il y a reproduction dans un but d'édition commerciale ; et disparaître lorsqu'il ne s'agit plus que d'une reproduction pour un usage privé ; s'il y a atteinte au droit de propriété dans le premier cas, sur quoi se baser pour dire qu'il n'y a pas atteinte dans le second ; nous avons vu, tout à l'heure, que Me Pouillet autorise la reproduction dans un but d'étude ce qui n'est pas la même chose et qu'il admet la contrefaçon lorsqu'il y a reproduction dans un but de jouissance personnelle ; d'ailleurs nous ne voyons pas très bien comment l'usage privé pourrait être invoqué pour disculper celui qui fait un agrandissement pour le vendre ; cette excuse ne pourrait exister qu'en faveur de la personne qui agrandirait elle-même une photographie pour la conserver chez elle ; or, même dans ce cas, comme nous venons de le dire, Me Pouillet admet la contrefaçon.

Mais on ne saurait prétendre que celui qui habituellement vend des portraits agrandis par un exemplaire d'après des photographies dont il n'est pas l'auteur, n'agit pas dans un but commercial. On ne nous dira pas que la Maison qui jette tous les jours sur le marché des quantités d'agrandissements n'agit pas dans un but de spéculation par ce que ces agrandissements sont des reproductions de photographies différentes. Un tel commerce n'est qu'une suite de contrefaçons. Il nous paraît difficile d'admettre que l'usage familial auquel ses clients destinent les reproductions exécutées par l'agrandisseur fasse disparaître le caractère absolument commercial de son entreprise.

Si l'on peut objecter l'usage familial c'est en faveur de la personne qui commande l'agrandissement et remet la photographie à reproduire ; elle n'en reste pas moins complice de la contrefaçon.

Mais comment le journal qui provoque la remise des originaux, en offrant les agrandissements en prime pour augmenter son tirage ;

Comment l'épicier ou le marchand de café qui en font autant pour augmenter leur clientèle ;

Comment le fabricant d'agrandissements (en quelque genre que ce soit) qui s'adresse directement au public ;

Comment même le photographe qui livre des agrandissements d'autres clichés que les siens ;

Comment, disons-nous, ces véritables auteurs de la contrefaçon pourront-ils se disculper en invoquant l'usage personnel et familial ?

Objectera-t-on qu'ils ne travaillent qu'à façon, et que leur responsabilité est couverte par les personnes qui ont commandé la reproduction ? Mais, tout fabricant pourrait en dire autant lorsqu'il n'exécute la production de la marchandise qu'après en avoir reçu la commande.

Cette excuse se comprendrait encore de la part de l'agrandisseur qui travaille pour le journal, le marchand de café ou le photographe ; on pourrait prétexter qu'il pensait que ceux qui lui ont commandé le travail avaient le droit de le faire.

Une telle excuse serait difficilement admissible ; en effet celui qui fait la reproduction doit *s'assurer* que celui qui la lui commande en a acquis le droit.

Il y aurait peut-être lieu de rechercher dans ces cas spéciaux si les auteurs principaux des contrefaçons ne sont pas le journal, le bazar, l'encadreur ou le photographe qui ont commandé l'agrandissement à l'agrandisseur et si ce dernier ne doit pas être considéré comme exerçant un rôle secondaire.

Mais il ne nous semble pas que pareil raisonnement puisse être invoqué par ceux qui vendent les agrandissements au public vis-à-vis du client qui leur remet la photographie, car *c'est bien leur organisation commerciale qui a présidé à l'émission des œuvres contrefaites.*

Et si d'un côté le particulier peut invoquer l'usage familial, si d'un autre l'agrandisseur travaillant à façon peut arguer de sa qualité accessoire dans l'entreprise commerciale, *nous ne voyons pas quelle excuse pourrait être plaidée en faveur de ceux qui sont les véritables organisateurs d'une industrie basée sur la contrefaçon* (V. Pouillet, 485) « ainsi l'imprimeur « qui sur l'ordre et pour le compte d'un éditeur imprimera « une édition qu'il sait être contrefaite sera contrefacteur « dans le sens de la loi ; mais l'éditeur sera également coau- « teur de la contrefaçon et même le plus coupable. »

En tout cas, si le juge peut éprouver quelque embarras pour savoir qui il doit frapper ou dans quelle proportion il doit le faire il ne saurait en résulter la méconnaissance du droit de l'auteur, qui a été usurpé.

Celui qui, par ses annonces, ses courtiers, ses vitrines, fait savoir au public qu'il livre des agrandissements et provoque ainsi la remise d'originaux qu'il reproduit ou fait reproduire sans autorisation, agit à n'en pas douter dans un but commercial, en vue d'une spéculation.

Nous ne voyons pas pourquoi il serait moins fautif que l'imprimeur qui publie un portrait dans un journal sans l'autorisation de l'auteur. Le préjudice causé à l'industrie photographique par les agrandissements vendus par les bazars, les encadreurs, les agrandisseurs, ou offerts comme prime par les journaux est bien plus considérable que celui qu'elle a jamais éprouvé de la publication des photographies dans les journaux ou revues.

Opposera-t-on que le modèle est propriétaire des photographies qu'il a payées ; qu'il peut donc en disposer à sa guise et les faire reproduire par qui bon lui semble ; cela serait une grave erreur, car le droit du modèle sur les photographies ne saurait porter atteinte au droit de propriété de l'auteur, celui qui achète un tableau en est propiétaire et personne ne prétendra que son droit de propriété lui concède celui de le faire reproduire ; du fait que l'épreuve photographique représente les traits du modèle il s'ensuit pour celui-ci un droit sur le cliché, en ce sens que l'auteur ne peut ni le vendre, ni en vendre ou exposer des épreuves sans son autorisation, mais ce droit ne va pas plus loin et ne saurait comprendre le droit de reproduction à moins de conventions préalables contraires, et c'est ce qui ressort très nettement des arrêts cités plus haut.

Si le modèle veut exercer ce droit, il nous paraît logique qu'il obtienne la concession du droit d'auteur du photographe, par l'achat du cliché ou par le paiement d'une indemnité ; celui qui exécute la reproduction et obtient ainsi un cliché devant remplacer celui de l'auteur, non seulement contrefait son œuvre mais lui cause un préjudice, puisqu'il permet d'éviter le paiement du cliché ou du droit de reproduction.

Nous ne voyons pas comment on pourrait soutenir une autre thèse, il nous semble donc que les agrandisseurs peuvent être actionnés avec de grandes chances de succès en vertu de la loi de 1793, toutes les fois que l'original présentera un caractère artistique révélant la personnalité de l'auteur.

Etudions maintenant de quelle façon l'action doit être engagée.

Procédure

Notons tout d'abord que la loi de 1793, par son article 6, impose comme condition essentielle de son application le dépôt de deux exemplaires, faute de quoi aucune poursuite en contrefaçon ne peut être admise.

A première vue, cette obligation semblerait inacceptable pour les photographes qui ne peuvent s'astreindre à déposer des épreuves de toutes leurs productions. Mais il n'est pas nécessaire que le dépôt soit effectué au moment de l'exécution il suffit qu'il le soit avant toute poursuite ; il a été ainsi jugé par le tribunal de commerce de Clamecy qui s'exprime ainsi dans un jugement du 14 août 1906 : « Qu'aucun délai « n'a été imparti par cette loi, à peine de déchéance, pour « effectuer le dépôt, qu'il est en effet de doctrine et de juris- « prudence constante que le défaut de dépôt n'a pas pour « effet d'entraîner pour l'auteur la déchéance de son droit « de propriété, qu'il a simplement pour conséquence de sus- « pendre l'effet de ce droit.

« Qu'il n'est pas nécessaire que le dépôt ait été fait avant « la production, qu'il suffit simplement qu'il soit effectué « avant toute plainte ou poursuite. »

Me Pouillet (de la Propriété littéraire et artistique 438) s'exprime ainsi à ce sujet :

« La loi est parfaitement claire, elle n'exige le dépôt que « pour permettre l'action en justice et par suite elle dit « formellement que l'atteinte à la propriété ne dépend pas « du dépôt...., nous nous en tenons au texte et il faut bien « le dire à l'esprit de la loi, le dépôt n'est qu'un préliminaire « de l'action en justice ; une fois qu'il est effectué, le prétoire « s'ouvre et la poursuite de tous les actes qui ne sont pas « couverts par la prescription, qu'ils aient été ou non ac- « complis avant le dépôt, devient recevable. »

A signaler dans le même sens un jugement du tribunal civil de la Seine, 3e Chambre, 11 novembre 1908. « Il suffit « pour satisfaire à la loi que le dépôt d'une photographie « dont la propriété est revendiquée, précède l'exploit intro- « ductif d'instance, il importe peu que ce dépôt ait été ef- « fectué postérieurement à une saisie pratiquée sur un con- « trefacteur. «

Sur le même sujet il faut encore citer un jugement du tri- bunal civil de la Seine du 15 avril 1910 : « Attendu qu'on ne « saurait tirer de l'absence de dépôt la conséquence que « l'auteur d'une œuvre qui porte en elle-même la marque « d'une personnalité ait voulu faire abandon de sa propriété « au domaine public.

« Que la formalité du dépôt n'a jamais été dans la pensée « du législateur la conséquence de l'existence du droit. « Que l'omission de cette formalité crée uniquement une ex- « ception opposable à toute action tendant à la constata- « tion de faits de concurrence où de contrefaçon. Mais, que « du moment que l'auteur s'est conformé aux dispositions « impératives de la loi de 1793 ; il lui est loisible de pour- « suivre.... »

« Le dépôt est nécessaire pour être admis en justice aussi
« bien pour une action civile que pour une action correction-
« nelle. (Pouillet 435).

Nous avons eu cependant connaissance d'un arrêt de
la cour d'appel de Lyon en date du 8 juillet 1887 qui a
admis l'action civile en dommages-intérêts après avoir débouté le plaignant de son action en contrefaçon pour n'avoir
pas exécuté le dépôt, nous avons demandé à Me Benoit,
avocat à la Cour d'appel de Grenoble, si dans le cas qui nous
occupe une action en dommages-intérêts pourrait être engagée en l'absence de dépôt et voici textuellement les obser-
vations qu'il a bien voulu rédiger à notre usage :

« Nous avons vu que l'exercice de l'action correction-
« nelle ou civile basée sur un fait de contrefaçon est subor-
« donnée au dépôt régulier de la photographie conformé-
« ment aux dispositions légales.

« La formalité du dépôt est rarement faite ; elle crée une
« difficulté assez grave pour la prompte exécution des pour-
« suites et l'on peut se demander si en restant sur le terrain
« du droit commun et en se fondant uniquement sur l'ar-
« ticle 1382, un photographe pourrait demander des dom-
« mages-intérêts à l'auteur de reproductions de ses œuvres
« photographiques.

« Cette voie semble malheureusement fermée au photo-
« graphe qui n'a pas opéré le dépôt régulier. Pour récla-
« mer des dommages-intérêts le photographe devra invoquer
« un préjudice ; ce préjudice ne peut être que l'atteinte
« portée à son droit de propriété artistique ; or, nous savons
« que la loi, tout en reconnaissant à l'auteur la propriété de
« son œuvre comme préexistente au dépôt, ne lui en accorde
« l'exercice avec ses effets utiles et notamment le droit d'en
« assurer le respect par voie judiciaire que lorsque le dépôt
« en a été régulièrement opéré.

« Le photographe sera donc irrecevable à se prévaloir
« en justice de son droit de propriété artistique au point de
« vue de l'article 1382 comme au point de vue spécial de la
« contrefaçon tant qu'il n'y aura point de dépôt régulier.

« Ajoutons enfin que l'emploi de cette procédure pourrait
« se heurter à cette objection sérieuse que l'action placée
« sur le terrain de l'article 1382 n'est en réalité qu'une ac-
« tion civile en contrefaçon dans laquelle on cherche unique-
« ment à échapper à l'obligation légale du dépôt, qu'il n'y
« a là qu'un subterfuge tendant à la violation de la loi et
« que les tribunaux ne sauraient à aucun titre sanctionner.

« Pour échapper à la nécessité du dépôt, il faut abandonner

« le terrain de la propriété artistique pour se placer sur un
« terrain tout différent auquel les règles du dépôt restent ab-
« solument étrangères. Je veux parler de la concurrence déloyale

« Certaines décisions judiciaires notamment un arrêt de la
« Cour d'appel de Lyon de 8 juillet 1887 dans une affaire
« Berton contre Royer a admis la possibilité d'une réparation
« basée sur des faits de concurrence déloyale.

« Malheureusement les cas où la concurrence déloyale
« pourra être invoquée sont assez limités. Pour le compren-
« dre, il faut tout d'abord définir exactement la concurrence
« déloyale. Me Pouillet reproduisant la définition de
« M. Darras (Darras de la concurrence déloyale no 1), la
« définit ainsi : « La concurrence déloyale c'est l'acte prati-
« qué de mauvaise foi à l'effet de produire une confusion
« entre les produits de deux fabricants ou de deux com-
« merçants, ou qui, sans produire de confusion, jette le dis-
« crédit sur un établissement rival. »

« Donc deux modes de concurrence déloyale.

« 1o actes destinés à produire la confusion entre deux
« produits. 2o actes de dénigrement d'un produit similaire
« et concurrent. Le 2e mode de concurrence déloyale n'ayant
« aucun rapport avec la contrefaçon reste en dehors du but
« spécial de cette étude.

« Le 1er mode au contraire voisine avec la contrefaçon
« et peut, en certains cas, s'y substituer ou se cumuler avec
« elle. Mais alors il faudra des produits absolument similai-
« res, susceptibles d'être confondus, les commerçants fabri-
« cant des objets de grandeur, de forme, sensiblement iden-
« tiques.

« Cela exclut déjà le producteur d'agrandissement dont
« les produits ne peuvent être confondus avec les originaux,
« par définition d'un format de dimensions sensiblement dif-
« férentes. Il faut pour pouvoir appliquer à la contrefaçon
« en matière de photographies les règles de la concurrence
« déloyale se trouver en présence d'un contrefacteur repro-
« duisant sensiblement avec sa forme, son format et ses di-
« mensions, une photographie originale ; cela ne se rencontre
« en pratique que dans le cas de photographies d'homme
« publics ou d'artistes dont la vente est l'objet d'une vérita-
« ble exploitation commerciale.

« C'est cette hypothèse qui est visée notamment dans
« l'arrêt de la Cour de Lyon précité. Un député de la région
« de la Loire étant décédé, ses héritiers autorisèrent un pho-
« tographe possesseur d'un cliché du défunt, à le reproduire

« et à le mettre en vente. Un autre photographe met en
« vente de son côté une photographie qui n'est que la repro-
« duction exacte et fidèle du cliché de son concurrent.

« Il y a là une manœuvre qui constitue incontestable-
« ment une contrefaçon, mais si le dépôt n'a pas été effectué,
« on pourra tout au moins retenir cette manœuvre comme
« constitutive de la concurrence déloyale, car elle constitue
« bien un acte pratiqué de mauvaise foi à l'effet de produire
« une confusion entre deux produits similaires de maisons
« concurrentes.

« On le voit, il n'est pas impossible de déplacer parfois
« la question ; et en la faisant passer sur le terrain de la
« concurrence déloyale, d'obtenir une réparation, en échap-
« pant à la nécessité d'un dépôt. Mais cela sera rarement
« possible. Cette façon de procéder ne peut être envisagée
« comme un mode normal permettant au photographe de
« poursuivre civilement les auteurs de contrefaçon sans
« opérer le dépôt. C'est un mode subsidiaire d'application
« limitée subordonné aux circonstances, parfois utile mais
« sur lequel il ne faut pas compter comme sur un moyen
« certain de répression. »

Comment doit se faire le dépôt ?

Cette question est actuellement réglée par la loi du
29 juillet 1881, aux termes de laquelle le dépôt doit être fait :

Pour Paris, au ministère de l'Intérieur.

Pour les chefs-lieux de département à la Préfecture.

Pour les chefs-lieux d'arrondissement à la sous-préfecture.

Pour les autres villes à la mairie.

Il faut déposer trois exemplaires.

« Il n'est pas nécessaire que le dépôt soit effectué par
l'auteur, mais il faut qu'il le soit en son nom. » (Pouillet,
423, 425).

Comment engager l'action ?

L'action *correctionnelle en contrefaçon* est celle qui est, de
l'avis de Me Benoit, la plus rapide et la plus sûre ; ce qui
n'empêche pas de joindre une demande de dommages-intérêts.

Il n'est pas nécessaire de faire faire un constat d'huissier ;
si l'œuvre contrefaite venait à disparaître la constatation
de la contrefaçon pourrait quelquefois être difficile d'après

la définition donnée par l'huissier, définition qui pourrait être incomplète.

Il est préférable de déposer une plainte en contrefaçon entre les mains du commissaire de police, qui devra saisir l'œuvre contrefaite. Le commissaire devant, pour agir, s'assurer que le plaignant est bien l'auteur, il est prudent de se munir de récépissé de dépôt.

Dans le cas où le commissaire refuserait de faire la saisie, il faudrait s'adresser au procureur de la République.

« L'auteur puise dans son droit de propriété la faculté de « requérir directement sans aucune autorisation préalable, « le commissaire de police ou le juge de paix qui doivent agir « à sa réquisition ; et bien entendu, à ses risques et périls. (Pouillet, 646).

« En cas d'empêchement du commissaire de police ,il « faudrait s'adresser au juge de paix. » (Pouillet 654).

Où peut-être pratiquée la saisie ?

Le plus généralement, il sera possible de saisir un agrandissement exposé chez l'agrandisseur, soit en vitrine, soit dans l'intérieur du magasin.

Cette saisie peut être exécutée également dans une salle de publicité ou une exposition.

Elle peut même l'être chez un particulier.

« Nous ne voyons aucune raison de refuser à l'auteur le « droit de requérir la saisie même entre les mains des dé- « tenteurs de bonne foi et par conséquent d'un particulier.... « il se peut d'ailleurs que cet exemplaire ainsi découvert « soit la seule preuve que l'auteur puisse se procurer d'une « contrefaçon clandestine ; on disait en vain que la loi ne « prohibe que le débit de l'objet contrefait, il ne s'agit pas « en effet de poursuivre en contrefaçon le détenteur mais de « constater chez lui la preuve du délit commis par un autre ; « de quel droit priverait-on l'auteur, de cette preuve uni- « que peut-être. » (Pouillet 660).

A plus forte raison cette appréciation s'applique au cas qui nous occupe car l e détenteur sera généralement l'auteur de la commande et par conséquent complice de la contrefançon, on pourra faire saisir l'œuvre contrefaite chez le détenteur, tout en actionnant seulement l'auteur de la contrefaçon.

Pour toute question de détail, nous recommandons à

ceux qui voudraient intenter une action de se reporter à l'ouvrage très clair et très précis de M⁰ Pouillet: Traité de la Propriété littéraire et artistique. 2ᵉ Edition 1894 (librairie Marchal et Billard, Paris).

Nous devons, pour être complet, signaler à l'attention de nos confrères les points suivants :

« 1° *La contrefaçon ne doit pas être provoquée* : « C'est une « règle que l'action en contrefaçon est refusée à celui qui a « provoqué la contrefaçon.

« Il faut seulement que la provocation soit certaine et que « le délit en soit la conséquence ». (Pouillet 496).

Par suite le photographe qui ferait remettre une photo_ graphie à agrandir par une tierce personne pour avoir l'élément d'une action en contrefaçon, se verrait refuser cette action, s'il pouvait être établi que c'est lui qui a provoqué le délit.

2° « *Il importe peu que l'auteur ait gardé l'anonyme* ». (Pouillet, 497).

3° *Quel argument tirer de la Convention de Berne ?* — C'est à tort que certains de nos confrères ont voulu y voir un principe de la protection de la photographie ; la Convention de Berne en effet, n'apporte rien de plus à la législa tion, en la matière, elle règle des rapports internationaux et fait simplement rentrer les œuvres des photographes parmi les œuvres qui doivent être protégées, *mais seulement autant que le permettra la législation respective de chacun des pays signataires.*

CONCLUSION

De ce qui précède, nous arrivons donc à conclure : 1° que le photographe dont l'œuvre est reproduite peut poursuivre le contrefacteur alors même que la contrefaçon aurait été commandée par la personne qui a posé et pour laquelle les originaux avaient été exécutés ; alors même qu'il n'y aurait pas d'édition et que la reproduction n'aurait été exécutée qu'à un seul exemplaire.

2ᵉ Que la modification de format, agrandissement ou réduction n'est pas une objection aux poursuites. (Pouillet 522).

3ᵉ Que la contrefaçon existe alors même que l'œuvre ne serait reproduite qu'en partie. (Pouillet 466) ; ainsi il y a contrefaçon quand on reproduit, dans un groupe, une personne seule.

4ᵉ Que les photographes peuvent donc user de la plainte en contrefaçon basée sur la loi de 1793, pour entraver la concurrence des agrandisseurs, encadreurs,bazars, journaux, épiciers, en matière d'agrandissements.

Mais cette conclusion nous amène à nous poser une autre question, les photographes ont-ils intérêt à susciter des jugements en ce sens et à faire proclamer leur droit de propriété ; jugements qui pourraient à bon droit leur être opposés dans maintes circonstances puisque tous les photographes ont, dans le courant de leur carrière, à reproduire des œuvres de confrères ?

Est-il préférable, comme le demandent quelques-uns, de rester dans le statu quo et de ne pas modifier le régime de tolérance actuel ?

Nous croyons, quant à nous, que les photographes ont intérêt à faire reconnaître leur droit et ceci pour les raisons suivantes :

1ᵒ Le régime actuel de tolérance ne repose sur rien de précis il est contraire à la loi ; ce n'est donc pas un régime de sécurité puisque chaque fois que nous faisons une reproduction sans l'assentiment de l'auteur, nous commettons une contrefaçon et que nous sommes de ce fait exposés à nous voir actionnés par notre confrère qui peut n'être pas dans la même intention de laisser faire que nous.

2ᵉ Le système d'abstention nous fait perdre une des meilleures armes que nous puissions avoir pour nous défendre des marchands d'agrandissements, nous croyons donc qu'il y a intérêt pour les photographes à essayer de faire établir la jurisprudence en leur faveur quitte à prendre entre eux les engagements réciproques nécessaires pour se garantir le régime de la tolérance dans les limites où cela serait possible et où cette tolérance ne porterait pas atteinte aux intérêts de la corporation.

Vis à vis des personnes qui ne pourraient entrer dans la combinaison de la réciprocité il pourrait être fixé un droit de reproduction qui serait payable à une société des auteurs chargée d'assurer le service de la perception et de la répartition des droits.

Chaque fois qu'on pourrait s'assurer que les droits n'ont pas été payés et que la saisie serait possible, il faudrait intenter une action.De cette façon au bout de quelque temps les fabricants d'agrandissements, pour être tranquilles,acquitteraient le droit de reproduction ce qui les obligerait à remonter leurs prix et rendrait leur concurrnce moins nuisible, en même temps que l'auteur recevrait la juste rétribution de l'usage qui serait fait de son œuvre.

Nous ne devons pas nous dissimuler que le système de la tolérance réciproque rencontrera dans la pratique de sérieuses difficultés d'application; il ne pourrait guère exister que dans les syndicats dont les membres se connaissent de près et ne font pas de l'agrandissement, leur industrie principale ; il ne suffirait pas, par exemple, qu'un agrandisseur ayant des courtiers ou faisant de la réclame, par toute la France, ouvrît un atelier de pose pour être admis à la réciprocité vis-à-vis des membres de tous les syndicats, il y aurait là une véritable duperie ; il apparaît donc comme très difficile d'établir un critérium ; *aussi croyons-nous que le système de l'établissement d'un droit d'auteur payable par tous avec un contrôle sérieux serait le plus applicable,* en tous cas, si l'on devait admettre la tolérance réciproque elle devrait êsre limitée aux membres d'un même syndicat ; ce serait alors à chaque syndicat à voir si l'organisation commerciale de ses membres permet cette réciprocité.

Une telle solution respecterait notre droit de propriété, nous assurerait la sécurité dans notre industrie et laisserait à nos clients toute liberté de faire reproduire leurs photographies chez qui bon leur semblerait. En outre nos syndicats devraient faire tout leur possible pour arriver à l'établissement d'une loi faisant rentrer la photographie dans les œuvres protégées par la loi de 1793 sans que les tribunaux aient, en chaque espèce, un droit d'appréciation de la valeur artistique.

Ce sont des opinions personnelles que nous émettons, il appartiendra à nos syndicats de les étudier et d'en tirer le parti qu'ils jugeront à propos ; nous croyons, quant à nous, avoir mis en relief les points essentiels de la controverse et avoir fourni ainsi à nos confrères les arguments favorables à la défense de notre profession.

Nous espérons ne pas nous être trompé et avoir travaillé pour le succès de la cause commune.